GÜTERSLOHER
VERLAGSHAUS

Franz von Assisi

Zur Flamme werden
Weisheiten des Herzens

Textauswahl und Nachwort
von Michael Albus

Gütersloher Verlagshaus

Bibliografische Information der Deutschen Nationalbibliothek
Die Deutsche Nationalbibliothek verzeichnet diese Publikation
in der Deutschen Nationalbibliografie; detaillierte bibliografische
Daten sind im Internet über https://portal.dnb.de abrufbar.

Verlagsgruppe Random House FSC® N001967
Das für dieses Buch verwendete FSC-zertifizierte
Papier *Munken Pure* liefert
Arctic Paper Munkedals AB, Schweden.

1. Auflage
Copyright © 2013 by Gütersloher Verlagshaus, Gütersloh,
in der Verlagsgruppe Random House GmbH, München

Covermotiv: © Wim van der Kallen
Druck und Einband: Těšínská tiskárna, a.s., Český Těšín
Printed in Czech Republic
ISBN 978-3-579-07031-5
www.gtvh.de

Inhalt

Gelobte Schöpfung

Strahlend in großem Glanze

Höchster, allmächtiger, guter Herr,
Dein ist das Lob, der Ruhm, die Ehre
und alle Segnung.
Dir, Höchster, nur gebühren sie,
und kein Mensch ist würdig,
Dich zu nennen.

Gelobt seist Du, mein Herr,
mit allen Deinen Geschöpfen,
vornehmlich mit der edlen Herrin
Schwester Sonne,
die uns den Tag schenkt durch ihr Licht.
Und schön ist sie
und strahlend in großem Glanze:
Dein Sinnbild, Höchster!

Und gelobt seist Du, mein Herr,
durch Bruder Mond und die Sterne;
am Himmel schufst Du sie
leuchtend und kostbar und schön.
Gelobt seist Du, mein Herr,
durch Bruder Wind und die Luft,
durch wolkiges und heiteres und jegliches Wetter,
durch das Du Deinen Geschöpfen
Gedeihen gibst.

Gelobt seist Du, mein Herr,
durch Schwester Wasser;
gar nützlich ist sie
und demütig und köstlich und keusch.

Gelobt seist Du, mein Herr,
durch Bruder Feuer,
durch den Du die Nacht uns erleuchtest,
und schön ist er und fröhlich
und gewaltig und stark.
Gelobt seist Du, mein Herr,
durch unsere Schwester
Mutter Erde,
die uns ernährt und erhält,
vielfaltige Frucht uns trägt
und bunte Blumen und Kräuter.

Gelobt seist Du, mein Herr,
durch jene, die aus Liebe zu Dir vergeben
und Schwäche tragen und Trübsal.
Selig, die harren in Frieden.
Du, Höchster, wirst sie einst krönen.

Gelobt seist Du, mein Herr,
für unsern Bruder, den leiblichen Tod;
ihm kann kein Mensch lebendig entrinnen.
Weh denen, die in Todsünden sterben;
doch selig, die er findet
in Deinem heiligen Willen;
der zweite Tod tut ihnen kein Leides.

Lobet und preist meinen Herrn,
und danket und dienet Ihm
in tiefer Demut!

Sonnengesang

Durch Lob Schmerzen vergessen

Denn das Lied auf den Herrn, das er komponierte
und den Brüdern vorzusingen auftrug,
nämlich »Höchster, allmächtiger, guter Herr«,
nannte er auch »Gesang der Schwester Sonne«.
Denn die Sonne ist schöner als alle andern Geschöpfe
und kann mehr als andere mit Gott verglichen werden.
Deshalb sagte er:
»Am Morgen, wenn die Sonne aufgeht,
sollte jeder Mensch Gott loben,
der sie geschaffen hat.
Denn durch sie werden unsere Augen am Tag erhellt.
Am Abend, wenn es Nacht wird,
sollte jeder Mensch Gott loben
wegen eines andern Geschöpfs, Bruder Feuer.
Denn durch ihn werden unsere Augen
in der Nacht erhellt.«

Und er sagte:
»Wir sind alle wie blind,
und der Herr erhellt durch diese beiden Geschöpfe
unsere Augen.
Ihretwegen und wegen allen andern Geschöpfen,
an denen wir uns täglich freuen, müssen wir ihn,
den herrlichen Schöpfer, immer besonders loben.«
Dies hat er in gesunden und kranken Tagen
gern getan.
Und er forderte gerne andere auf zum Lob Gottes.
Sogar als er an seiner Krankheit litt,
begann er selbst das Lied auf den Herrn vorzutragen.
Und nachher ließ er es seine Gefährten singen,
damit er in der Betrachtung des Lobes auf den Herrn
die Härte der Schmerzen und der Krankheiten
vergessen konnte.
Und so tat er es bis zu seinem Tod.

Dreigefährtenlegende

Höchster Gott

Gott sei Dank

Allmächtiger
Heiligster
Höchster und erhabenster Gott.
Heiliger und gerechter Vater.
Herr, König des Himmels und der Erde.
Um Deiner selbst willen
sagen wir Dank.
Durch Deinen heiligen Willen
und durch Deinen einzigen Sohn
hast Du,
zusammen mit dem Heiligen Geist,
alles geschaffen.
Alles Geistige.
Alles Leibliche.
Uns hast Du nach Deinem Bild Dir ähnlich gemacht
und hast uns ins Paradies gestellt.

Ordensregel

Gott lieben

Wir alle wollen lieben mit ganzem Herzen,
mit ganzer Seele,
mit ganzem Geist,
mit ganzer Kraft und ganzem Mut,
mit ganzem Empfinden,
mit ganzen Kräften,
mit ganzer Beschwingtheit,
mit ganzer Zärtlichkeit,
mit ganzem Gemüt,
mit allem Wünschen und Wollen
Gott den Herrn.

Den ganzen Leib,
die ganze Seele,
das ganze Leben
hat Er uns allen gegeben.
Und gibt es noch.

Gebet

Gott unser Vater

O unser heiligster Vater!
Schöpfer,
Erlöser,
Tröster und Retter.

Du bist im Himmel.
In den Engeln und Heiligen.
Du erleuchtest sie zur Erkenntnis.
Denn Du, Herr, bist das Licht.
Du entflammst sie zur Liebe.
Denn Du, Herr, bist die Liebe.
Du wohnst in ihnen und erfüllst sie bis zur Seligkeit.
Denn Du, Herr, bist das höchste Gut.
Ewiges Gut.
Durch Dich alles Gut.
Ohne Dich kein Gut.

Dein Name werde geheiligt.
Erhellt werde in uns die Kenntnis von Dir.
Damit wir erkennen:
die Breite Deiner Wohltaten,
die Länge Deiner Versprechen,
die Höhe der Herrlichkeit,
die Tiefe der Erkenntnis.

Dein Reich komme.
Damit Du in uns herrschest durch die Gnade.
Damit Du uns in Dein Reich kommen lässt.
Wo handgreiflich wird
Deine Erscheinung,
die selige Gemeinschaft mit Dir,
das immerwährende Genießen Deiner.

Dein Wille geschehe wie im Himmel, so auf der Erde.
Damit wir Dich lieben.
Aus ganzem Herzen immer an Dich denken.
Aus ganzer Seele immer nach Dir uns sehnen.
Aus ganzem Geist all unsere Aufmerksamkeit
auf Dich richten.
In allem Deine Ehre suchen.
Mit all unsern Kräften, all unserer Anstrengung
und den Sinn der Seele und des Leibes
in der Hingabe an Deine Liebe
und in nichts anderem suchen.
Damit wir unsere Nächsten lieben wie uns selbst.
Mit ganzer Kraft alle zu Deiner Liebe führen.
Uns über das Gute anderer
wie über unser eigenes freuen.
Im Übel mitleiden.
Niemandem zum Anstoß werden.

Unser tägliches Brot,
Deinen geliebten Sohn,
unsern Herrn
Jesus Christus.
Gib uns heute.
Zum Gedenken und Erkennen und Verehren
der Liebe, die er uns erwiesen,
und all dessen, was er für uns gesagt,
getan und ertragen.

Und vergib uns unsere Schuld.
Durch Deine unaussprechliche Barmherzigkeit.
Durch die Kraft Deines Leidens
Deines geliebten Sohnes.
Durch die Verdienste und die Fürsprache
der seligsten Jungfrau und all Deiner Erwählten.

Wie auch wir vergeben unsern Schuldigern.
Was wir nicht ganz vergeben,
mach Du, Herr, dass wir es ganz vergeben.
Damit wir Deinetwegen die Feinde wirklich lieben
und für sie demütig bei Dir Fürsprache einlegen.
Nichts Böses mit Bösem vergelten.
In allem uns bemühen, Dir dienlich zu sein.

Und führe uns nicht in Versuchung.
Sei sie verborgen oder handgreiflich,
kurzlebig oder hartnäckig.

Sondern erlöse uns von dem Bösen.
Von vergangenem und zukünftigem.
Ehre dem Vater, dem Sohn, dem Heiligen Geist!

Auslegung des Vater Unser

Unteilbar

Mag unser Herr Jesus Christus
auch an vielen Orten erscheinen,
er bleibt doch unteilbar
und wird nicht kleiner.

Einer
ist er überall,
wie es ihm gefällt.
Zusammen wirkt er
mit Gott, dem Vater, dem Herrn
und dem Heiligen Geist, dem Tröster.
In alle Ewigkeit.
Amen.

Brief an den Orden

Alles gehört Gott

Wo immer er etwas Geschriebenes fand –
sei es Gotteswort oder Menschenwort –
auf einem Weg, in einem Haus, auf dem Boden,
hob er es mit größter Ehrfurcht auf und legte es
an einen heiligen oder ehrenwerten Ort,
aus Furcht, der Name des Herrn stehe dort
oder das Geschriebene beziehe sich auf ihn.
Als er aber eines Tages
von einem Bruder gefragt wurde,
wozu er auch Schriftstücke der Heiden
so eifrig sammle,
in denen der Name Gottes nicht vorkomme,
antwortete er:
»Sohn, weil dort Buchstaben darauf sind,
aus denen der lobenswerte Name Gottes, des Herrn,
zusammengesetzt werden kann.

Auch das Gute, das ich dort finde,
gehört nicht den Heiden,
noch irgendwelchen andern Menschen,
sondern allein Gott. Ihm gehört alles Gute.«
Und was nicht weniger zu bewundern ist:
Wenn Franziskus einen Brief um des Grußes
oder der Ermahnung willen schreiben ließ,
ließ er nicht zu,
dass von ihnen irgendein Buchstabe
oder eine Silbe ausgelöscht werde,
wenn sie auch oft überflüssigerweise
oder falsch verwendet wurden.

Thomas von Celano, Erste Lebensbeschreibung

Mehr brauche ich nicht

Als er einmal krank war
und Schmerzen ihn am ganzen Leib peinigten,
sagte einer der Gefährten zu Franziskus:
»Vater, die Heilige Schrift
ist immer deine Zuflucht gewesen,
ein Heilmittel in deinen Schmerzen.
Lass' dir doch etwas aus den Propheten vorlesen,
vielleicht wirst du darauf Trost empfangen.«
Darauf Franziskus:
»Gut ist es, die Zeugnisse der Schrift zu lesen;
gut ist es, den Herrn, unseren Gott,
in ihnen zu suchen.
Doch glaube ich,
so viel von der Schrift in mir zu haben,
dass ich Stoff genug zum Meditieren habe.
Mehr brauche ich nicht, mein Sohn:
Ich kenne Christus, den Armen, Gekreuzigten.«

Thomas von Celano, Zweite Lebensbeschreibung

Ersehnter Friede

Frieden bringen

Der Herr hat mir geoffenbart,
welchen Gruß wir brauchen sollen:
»Der Herr gebe dir Frieden!«

Testament

Sanft wie ein Lamm

Das Überströmende seiner zarten Liebe
und Barmherzigkeit
erfuhren nicht nur
die Menschen in Not,
sondern sogar die stumme und vernunftlose Kreatur.
Von allen Tieren war er mit besonderer Liebe
und Zärtlichkeit
dem Lämmlein zugetan:
weil in der Heiligen Schrift
die Demut unseres Herrn Jesus Christus
mit schönem Gleichnis im Bilde des Lammes
gezeigt wird.

Als er einst durch die Mark Ancona wanderte,
traf er auf dem Feld einen Hirten,
der eine Herde von Ziegen und Böcken weidete.

Unter all den Tieren war ein einziges Lamm,
das lief ganz demütig nebenher und weidete friedlich.
Wie Franz dies sah, blieb er stehen,
und in seinem Herzen von Mitleid gerührt,
seufzte er auf und sagte zu dem Bruder,
der ihn begleitete:
»Siehst du das Schäflein dort,
wie es mitten unter den Ziegen und Böcken
so zahm dahergeht?
Ebenso, sage ich dir,
wandelte unser Herr Jesus Christus
sanft und demütig unter den Pharisäern
und priesterlichen Würdenträgern.«

Thomas von Celano, Erste Lebensbeschreibung

Keine Polemik

Wenn wir sehen oder hören,
dass Böses gesagt
und dass Gott gelästert wird,
so wollen wir Gutes reden
und Gutes tun
und Gott loben.
Er ist gesegnet in Ewigkeit.

Ordensregel

Ohne Macht

Kein Bruder soll Macht oder Herrschaft ausüben,
vor allem nicht gegenüber den Brüdern.
Der Herr sagt nämlich im Evangelium:
Die Herrscher unterjochen ihre Völker
und die Mächtigen missbrauchen ihre Macht.
Unter Brüdern soll es nicht so sein.
Wer bei ihnen der Größere sein will,
sei ihr Diener.
Der Größere unter ihnen soll dem Kleineren
gleich werden.

Ordensregel

Trotz Allem

Wirklich Frieden
schaffen jene,
die trotz allem,
was sie in der Welt erleiden,
mit dem Körper und dem Geist
am Frieden festhalten
aus Liebe zu Jesus Christus, unserem Herrn.

Ermahnungen

Bescheiden im Reden

Ich rate meinen Brüdern
und fordere sie auf und ermahne sie
im Herrn Jesus Christus,
dass sie, wenn sie durch die Welt gehen,
nicht mit andern rechten und um Worte streiten
und andere nicht verurteilen.
Vielmehr seien sie sanft,
friedfertig und bescheiden,
mild und demütig,
anständig im Reden gegenüber allen,
wie es sich gehört.

Ordensregel

Eine Menge Geduld und Demut

Solange er zufrieden gestellt ist,
kann der Mensch nicht erkennen,
wie viel Geduld und Demut er in sich hat.
Wenn aber die Zeit kommen wird,
in der diejenigen, die ihn zufrieden stellen müssten,
das Gegenteil tun:
Wie viel Demut und Geduld er dann haben wird,
so viele hat er –
und nicht mehr.

Ermahnungen

Singend Frieden stiften

Zur selben Zeit, als er krank war,
nachdem er auch den Sonnengesang
schon komponiert hatte,
exkommunizierte der Bischof der Stadt Assisi,
der damals regierte,
den Bürgermeister von Assisi.
Weil er gegen ihn entrüstet war,
ließ jener, der Bürgermeister war,
lautstark und eifrig durch die Stadt Assisi verkünden,
dass kein Mensch dem Bischof etwas verkaufen
oder von ihm etwas kaufen
oder mit ihm einen Vertrag abschließen dürfe.
Und so hassten sie sich gegenseitig überaus.
Während Franziskus so krank war,
war er von Mitleid mit ihnen bewegt,
vor allem,
weil kein Ordensmann oder Laie
zwischen ihnen Frieden und Einheit stiftete.

Und er sagte zu seinen Gefährten:
»Große Schande ist es für euch,
Knechte Gottes,
dass der Bischof und der Bürgermeister
sich gegenseitig so hassen
und keiner zwischen ihnen
Frieden und Einheit stiftet.«

Und so machte er bei dieser Gelegenheit
eine Strophe zu jenem Lied, nämlich:

Lob sei dir, mein Herr,
durch diejenigen, die um deiner Liebe willen vergeben,
und Schwachheit und Not ertragen.
Selig, die ausharren in Frieden.
Du, Höchster, wirst sie krönen.

Nachher rief er einen seiner Gefährten
und sagte zu ihm:
»Geh und sag dem Bürgermeister in meinem Namen,
er solle mit den Würdenträgern der Stadt
und anderen, die er mit sich führen kann,
zum Bischofspalast kommen.«

Und nachdem jener gegangen war,
sagte er zu zwei anderen seiner Gefährten:
»Geht und singt vor dem Bischof
und dem Bürgermeister und den andern,
die mit ihnen sind, den Sonnengesang.
Und ich vertraue auf den Herrn,
dass er ihre Herzen demütigen wird
und dass sie miteinander Frieden schließen werden
und zurückkehren zur früheren Freundschaft
und Liebe.«

Und als alle im Innenhof des Bischofspalastes
zusammengekommen waren,
standen jene zwei Brüder auf,
und einer von ihnen sagte:
»Franziskus komponierte in seiner Krankheit
ein Lied auf den Herrn
über seine Geschöpfe zum Lob Gottes
und zur Erbauung der Menschen.
Daher bittet er euch,
es mit großer Hingabe zu hören.«
Und sofort stand der Bürgermeister auf,
und mit gefalteten Händen und mit so großer Hingabe
wie gegenüber dem Evangelium des Herrn,
ja sogar mit Tränen,
hörte er aufmerksam zu.
Er hatte nämlich großes Vertrauen und Ehrfurcht
gegenüber Franziskus.

Nach Beendigung des Liedes auf den Herrn
sagte der Bürgermeister vor allen:
»In Wahrheit sage ich euch,
dass ich nicht nur dem Herrn Bischof,
den ich für meinen Herrn halten muss,
verzeihen würde, sondern auch,
wenn jemand meinen Bruder oder Sohn getötet hätte.«

Und so warf er sich zu Füßen des Herrn Bischofs
nieder und sagte zu ihm:
»Seht, ich bin bereit, euch für alles Genugtuung
zu leisten, wie es euch gefällt
in der Liebe eures Herrn Jesus Christus
und seines Knechtes, des Franziskus.«
Der Bischof streckte ihm die Hände entgegen
und sagte zu ihm:

»Von meinem Amt her geziemt es mir,
demütig zu sein.
Aber weil ich von Natur aus zum Zorn neige,
sollst du mir verzeihen.«
Und so umarmten sie sich
voller Güte und Liebe
und küssten sich gegenseitig.

Dreigefährtenlegende

Geliebte Armut

Vom Nichthaben

Nichts habt ihr,
weder in dieser Welt
noch in einer zukünftigen.
Ihr glaubt,
lange die Nichtigkeiten dieser Welt zu besitzen.
Aber ihr täuscht euch.
Es kommt der Tag und die Stunde,
an die ihr nicht denkt,
von der ihr nichts wisst
und die ihr nicht kennt.

Ordensregel

Nicht sich selbst suchen

In Liebe bitte ich alle meine Brüder,
dass sie sich bemühen,
in allem Demut zu üben,
nicht zu prahlen,
die Freude nicht in sich selbst zu suchen
und sich in ihrem Innersten
nicht selbst zu erhöhen
wegen guter Worte oder Werke.
Sie sollen auf nichts stolz sein,
das Gott in ihnen manchmal spricht
und tut und durch sie wirkt.

Ordensregel

Keinen Ort haben

Die Brüder sollen sich überall hüten,
in der Einsiedelei und anderswo,
sich einen Ort anzueignen oder einen zu verteidigen.
Sie sollen gütig aufnehmen,
wer auch zu ihnen kommt:
Freund oder Feind,
Dieb oder Räuber.
Überall, wo die Brüder sich aufhalten
und einander treffen,
sollen sie gern und in selbstloser Liebe
einander wiedersehen und ehren.
Und die Brüder sollen sich hüten,
sich in ihrem äußeren Gehaben traurig zu zeigen
oder wie düstere Heuchler zu benehmen;
sie sollen vielmehr heiter und liebenswürdig sein,
wie es Menschen ansteht,
die sich im Herrn freuen.

Ordensregel

Gemeinschaft mit den Armen

Der Aufenthalt bei gemeinen und verachteten Leuten,
bei Armen,
Schwachen,
Kranken,
Aussätzigen
und am Wege Bettelnden,
soll sie erfreuen.

Ordensregel

Nichts zum Eigentum machen

Die Brüder sollen sich nichts zum Eigentum machen,
weder ein Haus,
noch einen Ort,
noch irgendeine andere Sache.
Wie Pilger und Fremdlinge
sollen sie in dieser Welt
in Armut und Demut dem Herrn dienen.
Sie sollen vertrauensvoll um Almosen bitten.
Sie sollen sich dessen nicht schämen.
Denn der Herr wurde unseretwegen
arm in dieser Welt.

Ordensregel

Not kennt kein Gebot

Wenn die Not sie überrascht,
ist es allen Brüdern überall erlaubt,
alles zu essen, was Menschen essen können,
wie es der Herr von David sagte,
der die Schaubrote aß,
die niemand außer den Priestern essen durfte.
Ebenso sollen die Brüder
in einer Zeit offensichtlicher Not
mit dem für sie Lebensnotwendigen umgehen,
wie ihnen der Herr die Gnade schenkt.
Denn Not kennt kein Gebot.

Ordensregel

Abstiegschancen

Wo immer auch ein Bruder arbeitet oder dient,
soll er in jenem Haus
keine leitende Tätigkeit übernehmen,
weder Kämmerer noch Kellermeister sein,
auch soll er sich kein Amt geben lassen,
das Ärgernis hervorrufen
oder seiner Seele Schaden bringen könnte.
Die Brüder sollen vielmehr überall die Minderen sein
und allen untergeben, die im gleichen Hause sind.

Ordensregel

Kein Geld

Ich untersage allen Brüdern nachdrücklich,
in irgendeiner Weise Münzen oder Geld anzunehmen,
sei es direkt oder über einen Dritten.
Für die Bedürfnisse der Kranken
und für die Kleidung der anderen Brüder
sollen die Oberen aufmerksam besorgt sein
mit der Hilfe geistiger Freude,
je nach Ort und Zeit und klimatischen Bedingungen,
wie es ihnen nötig erscheint.
Nicht aber sollen sie, wie gesagt,
Münzen oder Geld annehmen.

Ordensregel

Billige Kleider

Alle Brüder sollen billige Kleider tragen.
Diese können sie mit Sack- oder anderem Tuch
flicken,
mit dem Segen Gottes.
Ich ermahne sie und warne davor,
dass die Menschen verachtet und verurteilt werden,
die weiche und bunte Kleider tragen
und sich dem Genuss von Speise und Trank
hingeben.
Jeder Einzelne soll sich mehr verachten
und verurteilen.

Ordensregel

Leichtes Gepäck

Wenn die Brüder durch die Welt ziehen,
sollen sie nichts mit auf den Weg nehmen,
keinen Bettelsack,
keine Vorratstasche,
kein Brot,
kein Geld,
keinen Stock.
In jedem Haus, das sie betreten,
sollen sie als Erstes sagen:
Friede diesem Haus!
Sie sollen in diesem Haus bleiben
und essen und trinken, was man ihnen gibt.
Sie sollen dem Bösen nicht Widerstand leisten,
sondern denen, die sie auf die eine Wange schlagen,
auch die andere hinhalten.
Dem, der ihnen den Mantel wegnimmt,
sollen sie auch das Hemd überlassen.

Sie sollen allen geben, die um etwas bitten.
Was ihnen weggenommen wird,
sollen sie nicht zurückfordern.

Ordensregel

Wirklich arm

Viele sind eifrig
in Gebet und Gottesdienst.
Sie fasten viel und töten ihren Körper ab.
Ein einziges Wort aber,
das ihrem ichbezogenen Selbst
scheinbar Unrecht tut,
oder irgendeine Sache,
die ihnen weggenommen wird,
ist ihnen Ärgernis
und bringt sie sofort aus der Fassung.
Sie sind nicht arm im Geist.
Wirklich arm im Geist ist,
wer sich selber hasst.
Wer die liebt, die ihn auf die Wange schlagen.

Ermahnungen

Gelebte Liebe

Wie leben?

Der Herr verlieh mir, Bruder Franz,
den Anfang des neuen Weges auf folgende Weise:
Als ich in Sünden lebte, kam es mir sehr bitter an,
Aussätzige zu sehen.
Aber der Herr selbst führte mich unter sie,
und ich erwies ihnen Barmherzigkeit.
Als ich von ihnen schied,
ward mir dasjenige,
was mir vorher bitter vorgekommen war,
in Süßigkeit für den Geschmack
von Leib und Seele verwandelt.
Danach zögerte ich noch ein wenig,
dann verließ ich die Welt.

Testament

Berührung

Franziskus ging in vollkommener Demut
zu den Aussätzigen
und war mit ihnen.
Er diente um Gottes Willen allen sehr aufmerksam,
wusch alle Fäulnis von ihnen
und wusch auch die eiternden Wunden aus,
wie er selbst in seinem Testament sagt:
»Als ich in Sünden war,
schien es mir überaus widerlich, Aussätzige zu sehen.
Und der Herr führte mich unter sie,
und ich handelte barmherzig an ihnen.«
Und so sehr widerlich war ihm einst der Anblick
von Aussätzigen,
dass er sich seine Nase mit den Händen zuhielt,
wenn er zur Zeit seines eitlen Lebens
aus fast zwei Meilen Entfernung
auf ihre Häuser zurückschaute.

Als er aber schon in der Kraft Gottes
sich auf das Heilige zu besinnen begann,
begegnete er eines Tages einem Aussätzigen.
Und stärker geworden,
trat er zu ihm und küsste ihn.
Von da an begann er auch,
mehr und mehr sich selbst zurückzusetzen,
bis er zum vollkommenen Sieg
über sich selbst gelangte.

In der Welt bleibend
und immer noch der Welt folgend,
half er auch anderen Armen.
Er streckte für die Nichtshabenden
die Hand des Erbarmens aus
und kümmerte sich um die Unglücklichen
in mitleidender Zuwendung.

Denn als er eines Tages entgegen seiner Gewohnheit,
denn er war sehr höflich, einem Armen,
der ihn um Almosen bat,
Vorwürfe gemacht hatte,
begann er sofort, von Reue erfüllt,
zu sich zu sagen,
es sei großer Schimpf und große Schande,
einem Menschen, der im Namen Gottes bitte,
das Verlangte auszuschlagen.
Darauf beschloss er in seinem Herzen,
in Zukunft keinem, der im Namen Gottes bitte,
etwas zu verweigern, soweit es in seiner Macht liege.
Was er auch liebevoll tat und erfüllte,
bis er sich selbst völlig auf jegliche Weise preisgab.
Denn noch bevor er das Evangelium lehrte,
lebte er es.

Thomas von Celano, Erste Lebensbeschreibung

Der andere Kuss

Denn von allen unglücklichen Ungeheuern
der Welt verabscheute Franziskus von Geburt an
die Aussätzigen.
Eines Tages begegnete er einem Aussätzigen,
als er bei Assisi ritt.
Obwohl er nicht wenig Ekel und Entsetzen spürte,
glitt er dennoch vom Pferd,
um nicht wie ein Gesetzesbrecher
das Gelübde der Treue zu brechen,
und eilte ihm entgegen.
Als der Aussätzige ihm die Hand entgegenstreckte,
um etwas zu empfangen,
gab Franziskus ihm das Geld mit einem Kuss.
Und sofort bestieg er das Pferd,
und obwohl er hierhin und dorthin schaute
und das Feld auf allen Seiten offen lag
und keine Hindernisse im Weg standen,
sah er den Aussätzigen nirgends.

Voller Verwunderung und Freude suchte er daher
wenige Tage später
ein ähnliches Werk zu tun.
Er ging zu den Unterkünften der Aussätzigen,
und nachdem er jedem einzelnen Aussätzigen
Geld gegeben hatte,
küsste er ihre Hand und ihren Mund.
So nahm er Widerliches für Lustvolles,
und mutig bereitete er sich,
das Übrige zu befolgen.

Thomas von Celano, Zweite Lebensbeschreibung

Rücksicht nehmen auf sich selbst

In jener Anfangszeit,
in der Franziskus begann, Brüder zu haben,
blieb er mit ihnen in Rivotorto.
In einer Nacht,
als alle auf ihren Pritschen schliefen,
schrie einer der Brüder etwa um Mitternacht
und sagte: »Ich sterbe, ich sterbe!«.
Und alle schreckten auf und waren verblüfft.
Franziskus stand auf und sagte:
»Steht auf, Brüder, und zündet ein Licht an.«
Und nachdem das Licht angezündet war,
sagte Franziskus: »Wer hat gesagt: ›Ich sterbe‹?«
Jener Bruder aber sagte: »Ich bin es.«
Und Franziskus sagte zu ihm:
»Was hast du, Bruder? Weshalb stirbst du?«
Und jener: »Ich sterbe vor Hunger.«
Franziskus, ein Mann voller Liebe und Feinfühligkeit,
ließ sofort den Tisch decken,

damit jener Bruder nicht beschämt werde,
allein zu essen.
Und alle aßen mit ihm zusammen.
Denn jener und andere hatte sich erst kürzlich
zum Herrn bekehrt,
und sie schädigten ihre Körper maßlos.
Und nach dem Essen sagte Franziskus
den übrigen Brüdern:
»Meine Brüder, so sage ich euch:
Jeder Einzelne soll Rücksicht nehmen
auf seine Naturbeschaffenheit.
Mag einer von euch
es auch mit weniger Nahrung aushalten als ein anderer,
so will ich doch nicht,
dass derjenige,
der mehr Nahrung braucht,
ihn nachzuahmen sucht.

Vielmehr schaue er auf seine Naturbeschaffenheit
und gebe seinem Körper, was er braucht.
Wie wir uns nämlich hüten sollen vor Überfluss
an Essen, der dem Körper und der Seele schadet,
so auch vor zu strengem Fasten,
umso mehr als der Herr Barmherzigkeit will
und nicht Opfer.«
Und er sagte:
»Liebste Brüder, große Not und Liebe
drängten mich zu tun, was ich tat,
nämlich, dass wir aus Liebe zu meinem Bruder
mit ihm zusammen aßen,
damit er nicht beschämt werde, allein zu essen.
Ich sage euch aber,
dass ich in Zukunft nicht so tun will,
da es nicht gottesfürchtig und ehrenhaft ist.

Aber ich will und befehle euch,
dass jeder – unter Berücksichtigung unserer Armut –
seinen Körper zufrieden stelle,
wie es ihm nötig ist.«

Dreigefährtenlegende

Alles verschenken

Einmal kam eine alte und arme Frau,
die zwei Söhne in der Gemeinschaft der Brüder hatte,
und bat Franziskus um ein Almosen,
vor allem, weil sie in jenem Jahr nichts hatte,
wovon sie leben konnte.
Franziskus sagte zu Bruder Petrus Cathanii:
»Haben wir vielleicht etwas,
das wir unserer Mutter geben könnten?«
Denn er sagte,
die Mutter irgendeines Bruders
sei seine Mutter
und die aller anderen Brüder
in der Gemeinschaft.
Bruder Petrus antwortete ihm:
»Im Haus haben wir nichts,
das wir ihr geben könnten,
vor allem, weil sie so viel Almosen will,
dass sie das für den Körper Notwendige hat.

In der Kirche haben wir nur ein Neues Testament,
aus dem wir die Lesungen der Matutin lesen.«
Denn zu jener Zeit hatten die Brüder keine Breviere
und nicht viele Psalmenbücher.
Franziskus aber sagte zu ihm:
»Gib unserer Mutter das Neue Testament,
damit sie es verkaufe,
um ihre Not zu wenden.
Und ich glaube fest,
dass das dem Herrn
und der seligen Jungfrau, seiner Mutter,
mehr gefällt,
als wenn ihr in ihm lesen würdet.«
Und so gab er es ihr.
Denn was man sagt und liest vom seligen Ijob,
kann gesagt und geschrieben werden
vom seligen Franziskus:

»Von meiner Kindheit an wuchs ja mit mir
das Erbarmen, und aus dem Schoß meiner Mutter
kam es mit mir« (Ijob 31,18).
Daher wäre es für uns,
die wir mit ihm waren,
zu lang, zu schreiben und zu erzählen,
was wir mit unseren eigenen Augen gesehen haben,
geschweige denn das,
was wir von anderen
über seine Liebe und Zärtlichkeit
gegenüber den Armen erfahren haben.
Dreigefährtenlegende

Lerchenliebe

Am Abend des Sabbats, vor der Nacht,
in der Franziskus starb,
flogen nach dem Abendgebet viele Vögel,
die man Lerchen nennt,
nicht hoch über dem Dach des Hauses,
in dem Franziskus lag,
und machten einen Kreis, um im Wechsel zu singen.
Wir, die wir mit Franziskus waren
und dies von ihm schrieben, bezeugen,
dass wir ihn oft sagen hörten:
»Wenn ich mit dem Kaiser sprechen werde,
werde ich ihn bitten,
wegen der Liebe Gottes und auf meine Bitte hin
eine Verfügung und ein Schreiben zu erlassen,
dass kein Mensch die Schwestern Lerchen fange
oder ihnen irgendetwas Böses antue.
Ebenso, dass alle Bürgermeister der Städte
und die Herren der Burgen und Dörfer

verpflichtet sind, jedes Jahr an Weihnachten
die Menschen dazu zu bewegen,
Weizen- und andere Körner
auf die Straßen außerhalb der Städte
und Burgen zu streuen,
damit die Schwestern Lerchen
und die anderen Vögel zu essen haben
an diesem festlichen Tag.
Und dass in dieser Nacht
zur Verehrung des Sohnes Gottes,
den seine Mutter, die selige Jungfrau,
in einer solchen Nacht in die Krippe
zwischen Ochs und Esel legte,
jeder Mensch
den Brüdern Ochs und Esel
genug Futter geben muss.
Ebenso, dass an Weihnachten alle Armen
von den Reichen gesättigt werden.«

Dreigefährtenlegende

Mitgefühl

Wenn er sich die Hände wusch,
wählte Franziskus den Ort so,
dass das Wasser nachher
nicht von den Füßen misshandelt wurde.
Dem Bruder, der das Holz zubereitete für das Feuer,
sagte er sogar,
er solle nicht den ganzen Baum fällen,
sondern so viel, dass ein Teil stehen bleibe
und ein Teil falle.
Und er befahl dies auch dem Bruder,
der am selben Ort weilte wie er.
Dem Bruder, der den Garten pflegte, sagte er auch,
er solle nicht in der ganzen Erde des Gartens
nur essbare Kräuter anpflanzen,
sondern einen Teil der Erde frei lassen,
damit sie blühende Kräuter hervorbringe,
die zu ihrer Zeit die Schwestern Blumen hervorbringen.

Er sagte sogar,
der Bruder Gärtner solle in einer Ecke des Gartens
ein schönes kleines Gärtchen anlegen
und dort alle wohlriechenden Kräuter und alle Gräser,
die schöne Blumen hervorbringen,
setzen und anpflanzen,
damit sie zu ihrer Zeit
all ihre Betrachter zum Lob Gottes einladen würden.
Denn jedes Geschöpf sagt und ruft:
»Gott hat mich deinetwegen gemacht, o Mensch.«

Dreigefährtenlegende

Das Feuer brennen lassen

Und es ist nicht verwunderlich,
wenn das Feuer und alle andern Geschöpfe
Franziskus verehrten.
Er wurde durch sie so sehr erfreut,
und sein Geist wurde ihretwegen
von so großer Zärtlichkeit
und so großem Mitleid bewegt,
dass er verstört war,
wenn einer sie misshandelte.
Und er sprach in innerer und äußerer Freude
so mit ihnen,
wie wenn sie Gott spürten,
begriffen und von ihm redeten,
sodass er oft durch solche Gelegenheit
zur Betrachtung Gottes weggerissen wurde.
Denn einmal, als er sich hinunter beugte
über das Feuer, ergriff das Feuer

seine Kleider aus Linnen über den Beinen,
ohne dass er es bemerkte.
Als er die Hitze des Feuers spürte und sein Gefährte sah,
dass das Feuer seine Kleider verbrannte,
lief er herbei und wollte es löschen.
Franziskus aber sagte zu ihm:
»Liebster Bruder, tu dem Feuer nicht weh.«
Und so erlaubte er ihm nicht,
dass er es auf irgendeine Weise lösche.
Jener aber ging sofort zum Bruder,
der Oberer war, und führte ihn zu ihm,
und so begann er es zu löschen,
obwohl es Franziskus nicht wollte.
Er wollte nämlich nicht eine Kerze oder eine Lampe
oder ein Feuer löschen,
wie man es gewöhnlich tut, wenn es nötig ist.

Er wurde von so großer Liebe
und Zärtlichkeit ihm gegenüber bewegt.
Er wollte auch nicht,
dass ein Bruder Feuer oder brennendes Holz wegwarf,
wie es oft getan wird.
Vielmehr wollte er,
dass er es ganz auf den Boden lege
aus Ehrfurcht gegenüber jenem, dessen Geschöpf es ist.

Dreigefährtenlegende

Zärtliche Liebe

Obwohl er das Leben als Pilgerschaft betrachtete
und die Welt als Verbannungsort,
den es bald zu verlassen gilt,
hatte er doch seine Freude
an den Dingen dieser Welt.
Und nicht einmal wenig!
Er gebrauchte die Welt
gegen den Fürsten der Finsternis als Kampfplatz –
Gott gegenüber aber als den klaren Spiegel seiner Güte.
Was immer er in der geschaffenen Welt fand,
führte er zurück auf den Schöpfer.
Mit einer Hingabe und Liebe,
wie man sie nie zuvor gesehen hat,
umfasste er alle Dinge,
redete zu ihnen von Gott und forderte sie auf,
ihn zu loben.

Voller Vorsicht war er,

wenn er eine Kerze, eine Leuchte oder eine Fackel hielt,

auf dass nicht durch seine Hand erlösche,

was ein Schimmer vom ewigen Lichte ist.

Und ganz ehrerbietig war er,

wenn er über einen Felsen ging –

aus Rücksicht auf den, der »Fels« genannt wird.

Ja, wenn er den Psalmvers betete:

»Auf einen Felsen hast du mich erhoben«,

sagte er vor lauter Ehrfurcht:

»Unter die Füße des Felsens hast du mich erhoben.«

Wenn die Brüder Bäume fällten,

verbot er ihnen, den Baum ganz unten abzuhauen,

damit Hoffnung bleibe,

dass er wieder zu sprossen anfängt.

Auch wollte er nicht,
dass der Gärtner rings um den Garten
die Raine umgräbt,
damit auch Unkraut und Feldblumen
ihren Platz fänden
und grünend und blühend
den herrlichen Vater aller Dinge lobpreisen.

Thomas von Celano, Zweite Lebensbeschreibung

Wahre Freude

Zum Glück

Glücklich der Mensch,
der seinen Nächsten trägt
in seiner ganzen Gebrechlichkeit.
Wie er sich wünscht,
von jenem getragen zu werden
in seiner eigenen Schwäche.

Glücklich der Mensch,
der seinen Bruder ebenso liebt und fürchtet,
wenn er weit entfernt ist,
wie wenn er bei ihm ist.
Der nichts hinter seinem Rücken sagt,
was er vor ihm in Liebe nicht sagen könnte.

Glücklich der Mensch,
der bei Tadel freundlich und ruhig bleibt.

Glücklich der Mensch,
der sich nicht vorschnell rechtfertigt.
Der demütig Beschämung und Tadel erträgt
für ein Vergehen, an dem er schuldlos ist.

Glücklich der Mensch,
der beim Reden nicht alles von sich gibt
im Blick auf Lohn.
Der nicht unbedacht redet,
sondern weise voraussieht,
was er sagen muss und antworten.

Glücklich der Mensch,
der so demütig lebt,
bei denen, die ihm untertan sind,
als wären sie seine Herren.

Ermahnungen

Völlig zur Flamme werden

Als er einmal in Siena war, kam zufällig
ein Bruder aus dem Predigerorden dorthin,
ein Mann des Geistes
und Doktor der heiligen Theologie.
Er besuchte auch den seligen Franz,
und die beiden – der Gelehrte und der Heilige –
hatten ein langes Zwiegespräch miteinander
über die Worte des Herrn.
Der Magister befragte ihn auch
über den Sinn des Ezechielwortes:
»Wenn du dem Gottlosen
seine Gottlosigkeit nicht vorhältst,
will ich seine Seele von deiner Hand fordern.«
Er sagte nämlich:
»Guter Vater, ich kenne viele, von denen ich weiß,
dass sie in einer Todsünde leben,
und ich spreche sie oft dennoch nicht
auf ihre Gottlosigkeit an.

Sollten nun wirklich alle diese Seelen
von meiner Hand gefordert werden?«
Der selige Franz antwortete,
er selbst sei zu ungebildet,
um ihm den Sinn dieser Schriftstelle auszulegen,
und er müsse deshalb eher von ihm belehrt werden.
Aber der Magister sagte in seiner Demut:
»Bruder, ich habe zwar schon von anderen
eine Auslegung dieses Wortes gehört,
aber ich möchte doch gerne deine Ansicht
darüber kennen lernen.«
Darauf erklärte ihm der selige Franz:
»Wenn das Wort ganz allgemein
verstanden werden darf, so deute ich es so:
Der Knecht Gottes
muss durch sein gottgemäßes Leben
so völlig zu einer Flamme werden,

dass das Licht seines Beispiels
und die Sprache seines Wandels
alle Gottlosen im Gewissen trifft.
So, meine ich, würde durch den Glanz seines Lebens
und den Wohlduft seiner Tugend
allen anderen ihre Sündhaftigkeit bewusst.«
Darob war der Gelehrte höchst erbaut.
Beim Abschied sagte er
zu den Gefährten des seligen Franz:
»Meine Brüder, die Theologie dieses Mannes,
die auf Betrachtung und völliger Hingabe beruht,
ist ein fliegender Adler.
Unsere Wissenschaft aber kriecht
auf dem Bauch über die Erde.«

Thomas von Celano, Zweite Lebensbeschreibung

Die wahre Freude

Franz rief Bruder Leo herbei und sprach:
»Bruder Leo, schreibe!«
Der antwortete: »Ja – ich bin bereit!«
»Schreibe«, sagte Franz,
»wo die wahre Freude zu finden ist:
Ein Bote kommt und berichtet,
alle Professoren von Paris
seien in unseren Orden eingetreten.
Schreibe: Darin besteht die wahre Freude nicht!
Ja, sogar alle kirchlichen Würdenträger
jenseits der Alpen,
Erzbischöfe und Bischöfe –
selbst der König von Frankreich
und der König von England!
Schreibe: Darin besteht die wahre Freude nicht!
Weiterhin: Alle meine Brüder
seien zu den Ungläubigen gegangen
und hätten dort alle zum Glauben bekehrt.

Schließlich sogar: Ich hätte so große Gnade von Gott,
dass ich die Kranken heile und große Wunder tue.
Ich sage dir: In solcherlei Dingen
besteht die wahre Freude nicht!
Aber worin denn?
Da kehre ich mitten in der Nacht von Perugia zurück
und komme hierher.
Es ist Winter, schmutzig und kalt,
dass sich unten an der Kutte Eisklumpen bilden,
die mir beim Gehen die Beine blutig schlagen.
Und so in Schmutz, Kälte und Eis
komme ich zur Pforte,
und nachdem ich lange geklopft und gerufen,
kommt der Bruder und fragt:
›Wer bist du?‹
Ich antworte: ›Bruder Franziskus.‹
Und er sagt: ›Scher dich fort!
Zu dieser Zeit streunt man nicht herum.

Du kommst mir nicht herein!‹
Da ich es nochmals versuche, antwortet er:
›Scher dich fort, du bist ein Einfaltspinsel und Idiot.
Komm ja nicht mehr zu uns!
Leute wie dich brauchen wir nicht.‹
Und ich versuche es nochmals an der Pforte,
mit Nachdruck, und sage:
›Um der Liebe Gottes willen – nehmt mich
wenigstens für diese Nacht auf!‹
Und der antwortet: ›Das tue ich nicht!
Geh zum Haus der Kreuzherren, und frage dort an!‹
Ich sage dir:
Wenn ich dabei die Geduld bewahre
und mich nicht aufrege –
das wäre die wahre Freude,
die wahre Tugend
und das Heil der Seele.«

Nach einer alten Handschrift

Franz von Assisi
Spiritualität konkret

»Es gibt Augenblicke in der Geschichte, da scheint das Schicksal zwischen Glück und Unglück zu schwanken, als warte es auf jemanden, der kommen soll, aber gewöhnlich nicht erscheint. Gegen Ende des 12. Jahrhunderts jedoch erschien ein Kind, dem es fast gelang, die kühnsten Erwartungen zu erfüllen.«

Mit diesen zwei Sätzen beginnt Julien Green sein Buch über Franz von Assisi. – In der Tat: Das Jahrhundert, in dem Franziskus in Assisi, 1181 oder Anfang 1182, zur Welt kam, war gänzlich verworren. Weltlich wie kirchlich. Durcheinander. Stichworte seien genannt: Erneuerungsbestrebungen innerhalb einer verfilzten Kirche, Kampf gegen Irrlehren, Höhepunkt der Machtentfaltung des Papsttums, Kreuzzüge, Kapitalanhäufung, Kriege zwischen Kaiser und Papst. Aber auch: Der Bau der gotischen Kathedralen und der Minnesang.

Dieser verrückten Welt hat der »zarte, zähe, kleine Mann« (Walter Dirks) aus Umbrien einen Spiegel vorgehalten. Auf seine Mitmenschen hat er eine unglaubliche Faszination ausgeübt. Diese hält an bis zum heutigen Tag. Und erweist immer aufs Neue ihre Kraft. Franz stammte aus einer vornehmen und reichen Familie. Die ersten zwanzig Jahre seines Lebens ließen keinen Schluss auf das zu, was sich später entwickelte. Es ging alles nicht hopplahopp. Die entscheidenden Dinge bahnten sich langsam an. In Windungen, Kurven und Kehren, in mehreren Anläufen. Angedeutet hat sich der Wandel in seinem Leben in mehreren Ereignissen, die ihm schlicht und ergreifend das nahe brachten, was man heute allgemein die Sinnfrage nennt. Besondere Bedeutung haben dabei gewonnen: die Krankheit, die Suche nach Erfahrungen als Armer, die Vision auf der Wanderschaft nach Süditalien, in der er sein Gottesbild fand, die Begegnung vor allem mit dem Aussätzigen, in der alles von Oben nach Unten und von Innen nach Außen umgekehrt, umgekrempelt wurde. Und schließlich die Stunde, in der ihn der gekreuzigte Christus in San Damiano direkt anredete und ihn zum Bau der Kirche einlud.

Die Dinge, die Erfahrungen, die Begegnungen des Franz von Assisi waren immer erstaunlich konkret. Da war und ist nichts Gespreiztes zu finden, keine gestelzte Würde, die Distanz schafft. Es waren und sind die Konkretheit, die Direktheit, die Einfachheit, die bestachen und bestechen. Sie konnten aber auch hart sein, verstörend, entlarvend, bissig, unbequem.

Der »Bruder Immerfroh«, der Leichtfuß, als den ihn Viele im Lauf der Jahrhunderte immer wieder darstellten, war Franziskus nicht. Sicher, er war auch ein fröhlicher Mensch, der andere mit seiner Freude anstecken konnte, sodass sie hinter ihm herliefen und ihn nicht mehr in Ruhe ließen. Aber er war nicht »light«, wie man heute sagen würde.

Hinter seiner Zärtlichkeit, die ein entscheidender Zug seines Charakters war, verbarg sich eine federnde Härte, ein alles durchdringender Ernst. Und das ist auch heute noch so, wenn man die Begegnung mit Franz sucht: Man ist zuerst einmal hin- und hergerissen, fasziniert, ja verzaubert. Dann aber, beim zweiten Blick, auch verstört, entsetzt, ja bestürzt und schließlich ernüchtert.

Hin- und hergerissen ist man von der gnadenlosen Direktheit der Ansprache, fasziniert von der Einfachheit, mit der Franziskus komplexe Situationen angeht und auflöst, verzaubert durch die Sanftheit und Zärtlichkeit, mit denen er die dicksten Mauern und härtesten Verschalungen zu durchbrechen vermag. Verstört kann man sein durch seine vermeintliche Naivität, entsetzt durch seinen Gehorsam, mit dem er zum

Beispiel der kirchlichen Obrigkeit begegnet und den er auch anderen in immer neuen Anläufen abverlangt, bestürzt durch sein absolutes Gottvertrauen, ernüchtert durch seine Bescheidenheit.

Der Zeit der Umkehr in seinem Leben, die am Ende auch einen harten Konflikt mit seinem Vater einschloss, weil der anderes von seinem Sprössling erhofft hatte als das, was Franziskus schließlich tat, folgte ein entschlossenes und konsequentes Leben nach dem Evangelium.

Im Jahr 1210 erhielt Franz die erwünschte Anerkennung seiner Lebensform durch Papst Innozenz III. Der Weg dahin war nicht leicht. Aber die »offizielle« Kirche hat sich ja nie leicht getan mit »Verrückten«, mit Charismatikern, wie Franziskus einer war.

Das ist bis heute so und wird es auch bleiben. Ja, es muss so sein. Ohne die Spannung zwischen Amt und Charisma erstirbt jedes kirchliche Leben.

In den ersten Jahren der Ausbreitung des neuen Ordens der Minderbrüder bleibt auch Franz in ständiger Bewegung. Nicht hektisch und immer wieder unterbrochen von Rückzugszeiten, in denen er Kraft sammelte im Gebet und in der Meditation. Kontemplation und Aktion waren die beiden Pole, zwischen denen er hin und her ging.

Bei einer seiner vielen Reisen verschlug es ihn auch ins Heilige Land. Dort saßen die Mohammedaner. Er brachte es so weit, dass der Sultan seine Predigt anhörte. Ohne sichtbaren oder spürbaren Erfolg. Aber auch das störte Franziskus nicht grundlegend. Erfolg war für ihn »keiner der Namen Gottes«, wie der jüdische Religionsphilosoph Martin Buber einmal schrieb. Das schnelle Wachstum des Ordens war für Franziskus nicht nur Anlass zu ungetrübter Freude. Es brachte auch Entwicklungen mit sich, die er, immer gemessen an seinem überwältigenden Anfang, einfach nicht gutheißen konnte.

Deren »Logik« brachte ihn dazu, auf die Leitung zu verzichten. Er übertrug sie anderen. Jetzt war er wieder freier und konnte spontaner handeln. Er selbst wurde nun immer mehr zum lebendigen Beispiel eines Lebens nach dem Evangelium. Dennoch achtete er sorgsam darauf, dass alles seine Ordnung fand und nicht unter den Dornen der geistlichen Bürokratie erstickte. In mehreren Anläufen suchte er eine Ordensregel zu formen, die durchsichtig blieb auf den Glauben, die Hoffnung und die Liebe des Anfangs. Schließlich wurde diese Regel Ende des Jahres 1223 durch Papst Honorius III. bestätigt. Von jetzt an konzentrierte sich Franziskus immer mehr darauf, seinen persönlichen Glauben zu vervollkommnen. Er wollte glaubwürdig bleiben.

Die letzten zwei Jahre seines wirklich armen Lebens waren geprägt von zunehmend schwerer Krankheit. Dennoch blieb er ein rastloser Wanderer und ein glühender Beter. Er wollte seinem geliebten Herrn Jesus Christus immer ähnlicher werden. 1224 empfing er seine Wundmale. In den letzten Lebenstagen verfasste er sein Testament, das Vermächtnis einer überaus glühenden Gottesliebe. »Wenn ihr seht, dass ich in den letzten Zügen liege«, hatte er nicht lange vor seinem Tod zu seinen Brüdern gesagt, »dann legt mich nackt auf den nackten Boden und lasst mich dort bis zu meinem letzten Seufzer, die Zeit, die nötig ist, um langsamen Schrittes eine Meile zu durchmessen«.

Am 3. Oktober 1226 stirbt Franziskus, fünfundvierzig Jahre alt. Kein Wunder, dass sich um sein Leben bald zahlreiche

Legenden rankten. In ihrem Kern berichten sie alle von einem Menschen, der vor allem die Armut liebte und den platten und nervtötenden Reichtum verachtete. Auf die Frage, warum, antwortete er mit frappierender Einfachheit: »Dann bräuchten wir ja Waffen, um ihn zu verteidigen!«

Franziskus ist ein Mann für jede Zeit. Seine Aktualität ist bis heute nicht zu überbieten. Im Konflikt zwischen Haben und Sein steht er immer auf der Seite des unverstellten Seins. Das macht ihn so faszinierend und erschreckend attraktiv.

Als der 266. Papst in der Kirchengeschichte sich den Namen Franziskus gab, wurde das überraschend deutlich. Der Jesuit Jorge Mario Bergoglio aus Argentinien bezog sich in seiner Predigt bei der Amtseinführung direkt auf Franz von Assisi, als er sagte, dass die Bewahrung der Schöpfung darin bestehe, »Achtung zu haben vor jedem Geschöpf Gottes und vor der Umwelt, in der wir leben. Die Menschen zu hüten, sich um alle zu kümmern, um jeden Einzelnen, mit Liebe, besonders um die Kinder, die alten Menschen, um die, welche schwächer sind und oft in unserem Herzen an den Rand gedrängt werden.«

Franz von Assisi hätte seine Freude daran gehabt, als sein neuer römischer Sympathisant in franziskanischer Direktheit sagte: »Wenn der Mensch dieser Verantwortung nicht nachkommt, wenn wir uns nicht um die Schöpfung und um die Mitmenschen kümmern, dann gewinnt die Zerstörung Raum, und das Herz verdorrt. In jeder Epoche der Geschichte gibt es leider solche ›Herodes‹, die Pläne des Todes schmieden, das Gesicht des Menschen zerstören und entstellen.«

Die Spiritualität des Franz von Assisi ist und bleibt konkret. Daran gibt es nichts zu deuten. Ihre Nachahmung bringt keine Verbesserung des Wohlbefindens. Sie ist keine Technik zur Steigerung des Lebensgefühls. Sie ist Nachfolge dessen, nach dem sich die Christen Christen nennen.

Literatur

Die Texte dieser Sammlung wurden folgenden Werken entnommen und teilweise sprachlich überarbeitet:

Franz von Assisi, Die Demut Gottes. Meditationen, Lieder, Gebete. Ausgewählt, übersetzt, kommentiert und eingeleitet von Anton Rotzetter und Elisabeth Hug, Zürich / Einsiedeln / Köln 1977

Franz von Assisi, Gotteserfahrung und Weg in die Welt. Herausgegeben, übersetzt und eingeleitet von Elisabeth Hug und Anton Rotzetter, Olten und Freiburg 1984

Franz von Assisi, Geliebte Armut. Texte zum Nachdenken. Herausgegeben, übersetzt und eingeleitet von Thomas und Gertrude Sartory, Freiburg / Basel / Wien 1991

Zur Person und zum Werk des Franz von Assisi

Anton Rotzetter / Willibrord Ch. van Dijk / Thadée Matura, Franz von Assisi. Ein Anfang und was davon bleibt, Zürich / Einsiedeln / Köln 1981

Carlo Carretto, Was Franziskus uns heute sagt, Freiburg 1981

Julien Green, Bruder Franz, Freiburg / Basel / Wien 1993

Adolf Holl, Der letzte Christ. Franz von Assisi, Stuttgart 2000